AF224527

DISCOURS

PRONONCÉ DANS LA SÉANCE ANNUELLE

DE LA

SOCIÉTÉ

DE

L'HISTOIRE DE FRANCE

IMPRIMERIE GÉNÉRALE DE CH. LAHURE
Rue de Fleurus, 9, à Paris

DISCOURS

PRONONCÉ DANS LA SÉANCE ANNUELLE

DE LA

SOCIÉTÉ

DE

L'HISTOIRE DE FRANCE

LE 7 MAI 1867

PAR M. GUIZOT

PRÉSIDENT DE LA SOCIÉTÉ

A PARIS

CHEZ Mme Ve JULES RENOUARD

LIBRAIRE DE LA SOCIÉTÉ DE L'HISTOIRE DE FRANCE

RUE DE TOURNON, N° 6

M DCCC LXVII

1867

DISCOURS

PRONONCÉ DANS LA SÉANCE GÉNÉRALE

DE LA

SOCIÉTÉ DE L'HISTOIRE DE FRANCE,

LE 7 MAI 1867,

PAR M. GUIZOT,

PRÉSIDENT DE LA SOCIÉTÉ.

MESSIEURS,

Vous m'avez fait un honneur qui m'a pénétré de reconnaissance en me laissant pénétré de tristesse. Quoi de plus honorable que d'être appelé, par vos suffrages unanimes, à remplacer M. de Barante ? Quoi de plus triste que de succéder à un ami, à un ami de plus de cinquante ans, sympathique et fidèle pendant plus de cinquante ans, au milieu des crises et des vicissitudes qui, de nos jours, dans les idées comme dans les situations, ont si profondément agité les personnes comme les États ? C'est un bonheur rare qu'une amitié persistante et immuable, quand tout chancelle et change autour d'elle. Et les sources de l'amitié qui nous a unis, M. de Barante et moi, sont de celles dont on se complaît à retrouver, à chaque pas, la trace dans le long cours des années : une constante et intime analogie a existé dans nos goûts et nos travaux, dans nos idées et nos carrières. Nous avons, l'un et l'autre, sérieusement aimé et servi les lettres et les affaires publiques. Nous leur avons, l'un et l'autre, donné et partagé notre vie. Et dans ces deux carrières, nous nous sommes attachés, l'un et l'autre, aux mêmes études, à la même cause. Dans les lettres, l'histoire, dans la politique, le régime constitutionnel et libre ont été les objets préférés de nos pensées et de nos efforts. Quand M. de Barante, en 1808, publiait son *Tableau de la Littérature française au dix-huitième siècle*, je retraçais les débuts poétiques du dix-septième et les chefs-d'œuvre de Corneille portant tout à coup si haut la gloire dramatique de la France. Quand, en 1821, je traduisais Shakespeare, M. de Barante accomplissait pour Schiller le même travail; il prenait même quelque part au mien, car il me donnait la traduction de *Hamlet*. Quand, de 1820 à 1830, je m'adonnai à l'étude des origines et du cours de notre civilisation, M. de Barante écrivit l'*Histoire des ducs de Bourgogne*, ressuscitant sous ses traits natifs l'une des grandes époques de cette série de siècles que j'essayais d'expliquer en les parcourant. Et lorsque, à partir de 1830, la politique a tenu, pour l'un et pour l'autre, la principale place dans notre vie, nous y avons, l'un et l'autre, constamment soutenu les mêmes principes, poursuivi le même but, et tour à tour concouru aux mêmes succès ou subi les mêmes revers.

Vous ne vous étonnerez pas, je l'espère, Messieurs, et vous me pardonnerez si je m'arrête avec quelque complaisance sur ces témoignages de la sympathie, je pourrais dire de l'harmonie dans laquelle ont vécu les deux hommes que vous avez successivement appelés à l'honneur de vous présider. Je prends un mélancolique plaisir à m'unir encore ainsi, en approchant de ma tombe, à l'ami déjà descendu dans la sienne; et les souvenirs de cette longue union sont, pour moi, la plus douce explication, comme ils ont sans doute été, pour vous, le principal motif de votre choix.

Quand, il y a trente-trois ans, Messieurs, vous avez pris

M. de Barante pour président de votre société naissante,
vous avez eu un juste et profond sentiment du caractère de
ses travaux et de la parfaite convenance qui les unissait à
votre dessein. Vous vouliez remettre sous les yeux de la
France d'aujourd'hui, dans leur forme correcte et complète,
les principaux monuments historiques de la France d'autrefois, ceux où nos pères ont fortement empreint les traits
originaux de leur vie, de leur âme et de leur sort. Vous
pensiez, à bon droit, que la connaissance familière de ces
monuments a, pour la France nouvelle, un grand intérêt à
la fois de curiosité et d'enseignement. C'est l'honneur du
genre humain, c'est le privilége qu'il a reçu de son créateur
d'avoir seul une histoire, d'être une série de générations
héritières les unes des autres et intimement unies entre elles
par un lien général et permanent, non pas une succession
de créatures isolées qui s'ignorent et s'oublient complète-
ment à mesure qu'elles passent sur cette terre. Mais, pour
que ce sublime privilége brille de tout son éclat et porte
tous ses fruits, il faut que les générations humaines qui se
succèdent se connaissent et se comprennent véritablement.
Je dis plus : il faut qu'elles se portent un sentiment affec-
tueux, et que chacune d'elles, en faisant librement, dans
l'héritage de ses pères, le choix de ce qui lui convient, se
souvienne fidèlement de ce qu'elle leur doit et leur rende
une justice reconnaissante. C'est précisément là, Messieurs,
le sentiment qui a constamment animé M. de Barante dans
ses travaux historiques. Il avait toujours présentes à l'esprit
la France ancienne et la France nouvelle ; il les connaissait,
il les comprenait, il les respectait, il les aimait l'une et l'autre ; et il avait à cœur que les fils connussent, comprissent,
respectassent, aimassent aussi leurs pères. L'ancienne France,
Messieurs, a bien droit, de notre part, à de tels sentiments ;
elle a eu des destinées bien orageuses, bien mêlées, bien
incomplètes ; elle a désiré et tenté plus qu'elle n'a accompli ;

elle a été plus féconde qu'heureuse et plus brillante que prévoyante ; mais elle n'a jamais manqué ni de génie, ni de vertu, ni de puissance, ni de gloire ; et si elle n'a pas promptement atteint à toutes les conditions de liberté et de bonheur des peuples, elle a toujours offert de beaux et abondants modèles des qualités supérieures qui, dans les voies les plus diverses, grandissent et illustrent les hommes.

M. de Barante était vivement frappé de cette activité, de cette richesse intellectuelle et morale de notre vieille France à travers toutes ses épreuves ; et soit qu'il l'étudiât dans les aventures héroïques du moyen âge, ou dans les luttes du seizième siècle, ou dans les splendeurs du dix-septième ou dans les ambitions du dix-huitième, il prenait un noble plaisir à lui rendre hommage, et à faire ressortir ses mérites, tout en retraçant ses fautes et ses douleurs. Mais sa large sympathie nationale était pure de toute complaisance prolongée pour des souvenirs favoris, de toute préoccupation exclusive, de tout entêtement de classe ou de parti ; et quand il passait de la France d'autrefois à la France d'aujourd'hui, quand il avait à raconter l'histoire et à apprécier les œuvres de la société nouvelle qui, depuis 1789, s'élève si laborieusement sur les ruines de l'ancienne société française, il portait dans ses impressions et dans ses jugements le même instinct patriotique, la même indépendance d'esprit, le même soin et la même habileté à démêler le bien du mal, à sentir vivement le beau sous ses plus variables aspects, et à espérer toujours beaucoup de notre patrie sans jamais la flatter. On peut mettre ses divers ouvrages historiques à une difficile épreuve : qu'en face de l'*Histoire des ducs de Bourgogne* et du *Tableau de la Littérature française au dix-huitième siècle*, on place les *Histoires de la Convention nationale et du Directoire exécutif*, les *Mémoires de Mme de La Rochejaquelein*, et la *Vie de M. Royer-Collard ;* on ne trouvera, entre ces récits et ces appréciations de temps et

de faits si différents, aucune contradiction, aucune disso-
nance ; partout éclate un filial et respectueux amour pour la
France dans toutes ses fortunes et pour tous ses illustres
enfants ; partout règnent un sens moral supérieur à toutes
les illusions comme à tous les subterfuges, une haute et sou-
ple intelligence politique, une équité sans sceptique indiffé-
rence, et une inébranlable résolution de maintenir envers
tous la justice et de dire, en tous cas, la vérité.

Je ne parle et ne dois parler ici que de l'historien ; je
veux pourtant faire entrevoir l'homme lui-même. M. de
Barante était de ceux qui prennent au sérieux ce qu'ils
disent comme ce qu'ils font, et qui ont besoin de mettre
toujours l'accord entre leur pensée et leur vie. A travers
les complications et les transformations précipitées de
notre temps, et soit qu'il fallût parler ou se taire, agir ou
s'abstenir, entrer dans l'arène ou en sortir, M. de Barante
a constamment obéi à cette loi de l'honnête homme
et du penseur convaincu. En toute matière et en toute
occasion, en politique comme en littérature, en religion
comme en politique, sa foi a gouverné sa conduite ; sa conduite a rendu témoignage de sa foi. Après plus de quarante
ans de vie publique, il a passé ses vingt dernières années
dans une retraite pleine de dignité, à son foyer natal, au
sein de sa famille, fidèle à ses idées, à ses affections, à ses
souvenirs, et uniquement occupé de répandre, dans la population qui l'entourait, les bonnes œuvres et les bons exem-
ples. La population lui a dignement répondu, elle est accou-
rue, elle s'est pressée autour de son cercueil et ses obsèques
ont été un hommage spontané que toute la contrée qui
l'avait vu naître, vivre et mourir, a voulu rendre à sa vie et
à sa renommée.

Il vous convenait, Messieurs, il vous appartenait d'appe-
ler un tel homme à l'honneur de présider à vos travaux. Il
a joui, pendant trente-trois ans, de cet honneur comme

d'une juste récompense pour les services qu'il avait rendus à l'histoire de notre patrie. Et aujourd'hui, puisqu'il vous a plu de transporter cet honneur de sa tête sur la mienne, je placerai ici, pour justifier votre choix, des paroles que M. de Barante a écrites lui-même dans son testament : « Je ne terminerai pas ces pages auxquelles sont confiées « mes dernières pensées, sans nommer les amis qui me res- « tent. Je veux qu'ils sachent combien leur amitié m'a été « douce, et qu'ils ne m'oublient pas lorsque je ne serai plus. « Je prie donc que ce témoignage soit transmis à M. le duc « de Broglie et à M. Guizot. »

A cette dernière expression d'une si constante amitié, je n'ajouterai qu'un mot, Messieurs, un seul mot que M. de Barante se plairait à entendre : son vœu sera satisfait ; il ne sera pas oublié.

IMPRIMERIE GÉNÉRALE DE CH. LAHURE
rue de Fleurus, 9, à Paris

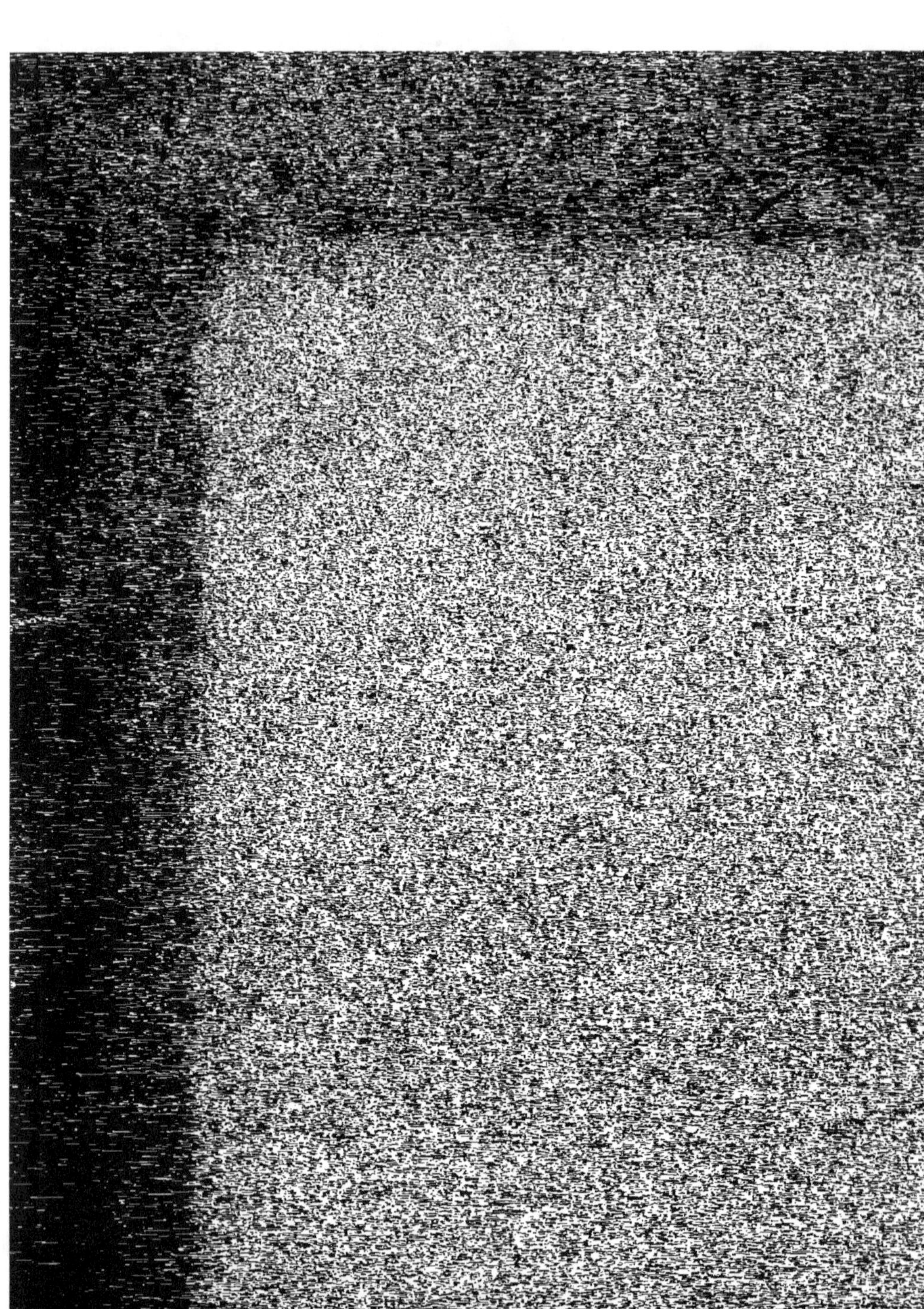

www.ingramcontent.com/pod-product-compliance
Lightning Source LLC
Chambersburg PA
CBHW051304050726
47595CB00008B/3400